Alkoholsucht

nachhaltig überwinden

Mit einfachen psychologischen Tricks
Schritt für Schritt zu einem Leben
ohne Alkohol, Alkoholismus und
Alkoholabhängigkeit für Alkoholiker
und Angehörige

Marten Pipetz

INHALT

Die 5 Schritte – Anleitung 36

Einige letzte Tipps und Hinweise 64

Das erwartet Sie in diesem Buch

Haben Sie sich und Ihr Verhalten in letzter Zeit reflektiert und Ihnen ist aufgefallen, dass sich Ihr Alkoholkonsum erhöht hat? Gab es kürzlich viele Partys, Geburtstage und sonstige Anlässe zum Trinken? Gibt es Momente, in denen Sie denken: „Zum Feierabend ein Bier", oder „Ein Glas Wein geht noch, der Tag war wirklich stressig"? Oder fühlen Sie sich, als könnten Sie keinen Spaß mehr ohne Alkohol haben? Dann haben Sie mit diesem Ratgeber die perfekte Entscheidung für sich getroffen. Die Reise zur Konsumverringerung oder Abstinenz ist nicht einfach und dauert ganz sicherlich ihre Zeit, aber Sie machen nun den ersten Schritt in die richtige Richtung.

Hier erfahren Sie nicht nur, wie Sie Ihren Alkoholkonsum anhand des AUDIT-Fragebogens der WHO einschätzen können, sondern auch, was Alkohol eigentlich so verlockend macht und woher diese große Suchtgefahr besteht. Wieso greifen wir immer wieder zur Flasche oder lassen uns so leicht überzeugen, noch ein Bierchen mitzutrinken? Inwiefern kann uns dauerhafter Alkoholkonsum schaden, sowohl körperlich als auch bezogen auf Erleben und Verhalten?

Nachdem wir uns mit dem Problemverhalten, Alkohol, beschäftigt haben, erläutere ich die klaren Vorteile eines alkoholfreien Lebens und erkläre Schritt für Schritt in einer Anleitung, mit welchen kleinen Tipps Sie es schaffen können, vorausschauend zu denken und Alkohol aus Ihrem Leben zu verbannen oder den Konsum erst mal nur zu reduzieren. Jeder kleine Schritt in die richtige Richtung soll ein persönlicher Erfolg werden und stufenweise begleite ich Sie auf Ihrem Weg dorthin.

Alkohol verstehen

ALKOHOL – ALLGEMEINE FAKTEN

Bevor wir uns damit beschäftigen, wie Sie Ihren Konsum effizient verringern können, müssen wir erst mal den Gründen und Momenten nachgehen, in denen Sie dem Alkohol verfallen.

Die GEDA 2010, auch bekannt als die Telefonberatung des Robert Koch-Instituts, interviewte etwa 22.000 in Deutschland lebende Personen, die mindestens 18 Jahre alt sind. Dabei kam heraus, dass zum Zeitpunkt der Interviews schätzungsweise etwa 1,6 Millionen der Erwachsenen in Deutschland unter einer Alkoholabhängigkeit leiden. Unter den 18- bis 29-Jährigen ist der Anteil der Risikokonsumenten am höchsten und Männer sind häufiger betroffen als Frauen. Wirklich erschreckend ist die Tatsache, dass in der EU, verglichen zu anderen Ländern, weltweit am meisten getrunken wird. In der internationalen Statistik liegt Deutschland im Pro-Kopf-Verbrauch (pro Jahr) auf Platz 14, mit ganzen elf Litern sogar über dem weltweiten Durchschnitt. Laut der Deutschen Hauptstelle für Suchtfragen beläuft sich die Zahl der aufgrund von Alkoholkonsum Verstorbenen jährlich auf ca. 74.000 Todesfälle.

JÄGER UND SAMMLER VON RAUSCHMITTELN

Die Geschichte, welche die Menschen mit dem Alkohol verbindet, reicht weit zurück. Die Gärung, die in überreifen Früchten stattfindet, und die berauschende Wirkung, die deren Verzehr entfaltet, waren wohl die ersten Kontakte zu diesem Stoff. Viel später, als die Menschen sesshaft wurden, begann mit dem Ackerbau und der Lagerung der Feldfrüchte ein ganz neues Kapitel für den Alkohol. Nach einigen zufälligen Entwicklungen dieses Rauschmittels in manchen Nahrungsvorräten begann man die gezielte Gärung von Alkohol. Gärung von süßen Trauben oder von stärkereichen Getreiden gehören zu den Errungenschaften alter

Kulturen und immer wieder finden Archäologen die Spuren dieser vergangenen Trinkkultur.

ALKOHOLHERSTELLUNG

Die Gärung von Alkohol ist ein natürlicher Prozess oder vielmehr das, was passiert, wenn die Voraussetzungen „richtig" sind. Mikroorganismen wandeln Zucker in Energie um, dabei entstehen normalerweise Kohlenstoffreste, die als Kohlenstoffdioxid abgegeben werden. Steht dafür nicht genug Sauerstoff zur Verfügung, passen sie sich daran an. Dieser Prozess hat die Bildung von Alkohol zur Folge. Dabei können unerwünschte Nebenprodukte entstehen, wie etwa Methanol. Diese zumeist giftigen Substanzen lassen sich zwar heraustrennen, doch benötigen diese Trennverfahren sehr große Genauigkeit, deshalb kann das „Schwarzbrennen" von Alkohol schwerwiegende und manchmal tödliche Folgen haben.

KULTURELLER MITTELPUNKT ALKOHOL?

Die größten Volksfeste Deutschlands sind bekannt für die riesigen Mengen an alkoholischen Getränken, die dort jedes Jahr konsumiert werden. Dabei erfreuen sich der Kölner Karneval und allen voran das Oktoberfest großer internationaler Berühmtheit. Aber auch andere Feiertage, wie der irisch geprägte St. Patrick's Day, sind weltweit berühmt für die Ströme von Alkohol, die bei ihnen regelmäßig fließen.

Dabei hatte keines dieser Feste in seinem Ursprung den Gedanken, das „Saufen" zu zelebrieren. Dieser Zusammenhang wird aber immer seltener hergestellt. Deshalb kämpfen vielerorts die Veranstalter ebenjener Großveranstaltungen darum, ihre Werte zu bewahren, indem sie, wie in Köln, den Alkoholkonsum durch Verbote einschränken. Solche Alkoholverbote stoßen dabei auf laute Protestrufe.

Feiern und Alkohol – das gehört doch irgendwie zusammen, oder nicht? Der Ursprung vieler Feste ist, wie schon erwähnt, ein anderer. Es handelt sich zumeist um Feiertage, also Tage, an denen nicht gearbeitet wird. Und um diesen eine besondere Bedeutung zu verleihen und nicht nur mit der Familie, sondern mit der ganzen Bevölkerung zu verbringen, wurden Feste ausgerichtet. Der Verkauf von Alkohol war bei diesen Gelegenheiten nur ein lukratives Geschäft.

ALKOHOL – WOZU?

Wenn Sie evaluieren müssten, <u>wieso</u> Sie überhaupt Alkohol trinken oder damit angefangen haben, welche Gründe fallen Ihnen ein? Faktoren, die tatsächlich häufig auftreten, sind zum einen äußere Faktoren, wie eine schwierige soziale Situation, Gruppenzwang oder kulturelle Einflüsse. Alkohol schafft eine Gemeinsamkeit und oftmals möchte man das Ansehen seiner Freunde nicht verlieren, indem man Alkohol verweigert. Ansonsten könnte man ja als Spaßbremse betitelt werden oder gilt als langweilig.

Und auch andersherum gesehen, scheint es Menschen zu geben, die auf das Bier oder Glas Wein verzichten und deshalb weniger Spaß empfinden, weil ihnen der Rausch fehlt oder sie sich ohne Alkohol nicht entspannen oder locker machen können. Alkohol kann also zum Teil als sozialer Gruppenzwang gesehen werden und ist auf Feiern und Geburtstagen eine ganz einfache Selbstverständlichkeit – wer verbindet Partys oder manche Feiertage wie den Vatertag nicht mit Alkoholkonsum?

Und genau diese Selbstverständlichkeit macht es so gefährlich und wirklich einfach, zur Flasche zu greifen oder überredet zu werden, noch etwas mitzutrinken. Darüber hinaus ist es für Volljährige in Deutschland kein Problem, fast immer und überall an Alkohol zu kommen. Im Gegensatz zu Zigarettenschachteln, auf denen abschreckende Bilder von Spätfolgen zu sehen sind, wird für Alkohol in Werbeanzeigen sogar gezielt geworben und er wird als exklusiv dargestellt.

Es ist allgemein bewiesen, dass das Erleben von Stresssituationen einen weiteren Beitrag zum Konsum beisteuert. Betroffene glauben, dass sie mithilfe von Alkohol Stress und Problemen entfliehen können. Der Grund dafür liegt in der Aktivität von Botenstoffen im Gehirn: Ganz ähnlich wie eine Art von Betäubungsmittel ist Alkohol in der Lage, Endorphine im Gehirn freizusetzen und die Ausschüttung von Cortisol zu reduzieren. Das geschieht, indem Alkohol die Erregbarkeit bestimmter Nervenzellen eindämmt, dadurch hebt sich die Stimmung und Anspannungen werden für kurze Zeit annehmbar.

> Stresssituation – eine Definition:
> Die Hilflosigkeit und das ungute Gefühl, das einen ergreift, wenn man sich einer Situation gegenüberstehen sieht, die nicht einfach bewältigbar erscheint.

Ein weiterer Faktor ist die Vererbbarkeit, also die genetische Veranlagung zum Alkoholismus, die Kinder, deren leibliche Eltern Alkoholkranke sind oder waren, in sich tragen. Das SRF gibt an, dass dieser Fakt in Adoptiv-Studien bewiesen wurde. Kinder, deren leiblichen Eltern Trinker waren, greifen selbst dann öfter zur Flasche, wenn ihre Adoptiveltern nicht trinken oder strikt gegen Alkohol sind.

Aber das ist kein Muss. Nicht jede Person mit einem solchen Erbe wird automatisch zum Trinker oder gleitet in die Abhängigkeit ab. Umweltfaktoren wie Freundesgruppen oder eigene Wertevorstellungen über Alkohol können auch von diesem Schicksal ablenken.

Eine Einschätzung Ihres Alkoholkonsums

DER AUDIT-FRAGEBOGEN DER WHO

D er Start der Reise, den eigenen Alkoholkonsum zu verringern, ist es, sich darüber bewusst zu sein, inwiefern das eigene Trinkverhalten schon problematisch ist. Aus diesem Anlass hat es sich die WHO (Weltgesundheitsorganisation der Vereinten Nationen) 1982 zur Aufgabe gemacht, den AUDIT-Fragebogen zu erstellen und damit eine wachsende Bedeutung der Früherkennung und Frühintervention entwickelt. Genauer gemeint ist damit der

Alcohol Use Disorders Identification Test, der laut allgemeiner Definition ein Screening-Verfahren ist, das Patienten mit hohem Alkoholkonsum identifiziert, und das am besten schon, bevor sich negative physische, psychische oder soziale Konsequenzen, die aus dem Konsum herrühren, einstellen. Den Fragebogen kann man ganz leicht auf der Website der Bundesärztekammer finden.

Ausgelegt zum Selbstausfüllen ist er in vielen Fällen die Grundlage für andere Online-Tests. Er eignet sich insbesondere für die Identifizierung problematischen Konsums. Eine wichtige Information im Voraus ist die Bestimmung des Begriffs „Ein Glas Alkohol". Gemeint sind entweder 0,33 Liter Bier, 0,25 Liter Wein/ Sekt oder 0,02 Liter Spirituosen. Hier sind einige umformulierte Beispielfragen des Bogens sowie das zugehörige Auswertungsschema.

Wie oft trinken Sie Alkohol?	Nie	Einmal pro Monat	Zwei bis viermal pro	Zwei bis dreimal pro	Viermal oder mehr pro

			Monat	Woche	Woche
Wie viele alkoholhaltige Getränke trinken Sie bei einer Gelegenheit?	1 oder 2	3 oder 4	5 oder 6	7 oder 8	10 oder mehr

	Nie	Seltener als einmal im Monat	Einmal im Monat	Einmal pro Woche	(Fast) täglich
Wie oft trinken Sie mehr als sechs Drinks pro Tag?					

Wie oft haben Sie im vergangenen Jahr bemerkt, dass Sie mehr getrunken haben als gewollt?					
Wie oft haben Sie im vergangenen Jahr festgestellt, dass Sie eine Aufgabe nicht erledigt haben, weil Sie unter dem Einfluss von Alkohol standen?					
Wie oft haben Sie im vergangenen					

Jahr Alkohol gebraucht, um erfolgreich in den Tag zu starten.				
Wie viele Male haben Sie im vergangenen Jahr ein schlechtes Gewissen aufgrund Ihres Alkoholkonsums gespürt?				
Wie oft waren Sie im vergangenen Jahr aufgrund Ihres Konsums nicht fähig, sich an die				

Gescheh-nisse der letzten Nacht zu erinnern?					

	Nein	Ja, aber nicht letztes Jahr	Ja und im letz-ten Jahr
Wurden Sie oder eine andere Person schon mal verletzt, weil Sie Alkohol konsumiert haben?			
Wurde Ihnen schon einmal geraten, Ihren Alkoholkonsum zu verringern, oder hat sich eine Person, die Ihnen nahesteht, bzw. ein Arzt, Sorgen um Ihren Konsum gemacht?			

Wenn Sie im Gesamtscore über den Wert von 8 (bei Frauen schon ab 5) kommen, liegt ein Verdacht auf eine alkoholbezogene Störung vor und umso höher der Wert, umso größer ist die Wahrscheinlichkeit einer Abhängigkeit. Einen kritischen Punkt erreichen Sie, wenn Sie einen Wert von 15 bis 20 haben.

Insgesamt ist es gut, über seinen Alkoholkonsum und eine mögliche problematische Beziehung dazu Bescheid zu wissen. Das bietet die Grundlage dafür, nächste Handlungsschritte einzuleiten und zu lernen, sein Limit zu erkennen.

Risiken von Alkoholkonsum

WANN WIRD ALKOHOLKONSUM GEFÄHRLICH

Eine wichtige Frage ist nun, wann beim vermeintlich harmlosen Trinken von alkoholischen Getränken aus einer einmaligen Sache eine Gewohnheit wird oder sogar eine problematische Beziehung dazu entsteht. Im Folgenden finden Sie Informationen darüber, welche Indizien auf ein Alkohol problem hindeuten.

Auch heute gibt es noch das Problem, dass der Begriff „Problematischer Alkoholkonsum" nicht genau definierbar ist. Es gibt zwar Orientierungspunkte, aber die Frage „Ab wann ist Alkoholkonsum problematisch?" kann man nur sehr schwer beantworten, da es an dieser Stelle sehr unklare Grenzen gibt. Mal ein Feierabendbierchen, morgen Abend ein Glas Wein mit der Schwester oder ein kurzer Absacker nach dem Essen beim Griechen: Ist das schon abhängiges Verhalten? Tatsächlich ist es so, dass riskanter Konsum bei Frauen bei mehr als 12 Gramm reinen Alkohols täglich entspricht (Vergleichswert: 1 Glas Bier) und bei Männern mehr als 24 Gramm.

Zwei wichtige Begriffe in diesem Kontext sind Alkoholabhängigkeit und Alkoholmissbrauch. Ersteres bedeutet, dass man eine Vielzahl von kognitiven, körperlichen oder verhaltensspezifischen Phänomenen entwickelt, um an Alkohol zu gelangen und ihn zu konsumieren. Indizien für eine Alkoholabhängigkeit sind unter anderem das Verspüren eines starken Wunsches oder Drangs, Alkohol zu konsumieren; Schwierigkeiten, seinen Konsum zu beherrschen (insbesondere, weil er einen höheren Rang als andere Pflichten einnimmt) sowie schädliche Folgen, die entstehen, weil man seinen Alkoholkonsum nicht absetzen kann, er also dauerhaft wird.

Alkoholmissbrauch besteht laut dem DSM-V, wenn mindestens zwei der folgenden Bedingungen mindestens ein Jahr lang bestehen.

• Wiederholter Alkoholkonsum, der zur Folge hat, dass man seinen Verpflichtungen bei der Arbeit, in der Schule oder zu Hause nicht mehr nachgehen kann.

Im Februar 2010 wurde der DSM („Diagnostic and Statistical Manual of Mental Disorders") der American Psychiatric Association (APA) veröffentlicht. Er dient der medizinischen Psychiatrie als Klassifikationssystem für psychische Störungen.

• Wiederholter Alkoholkonsum, durch den es zur körperlichen Gefährdung kommen kann.

• Wiederholter Konsum, obwohl oder weil soziale oder zwischenmenschliche Probleme bestehen.

• Toleranzentwicklung und damit einhergehend die weitere Erhöhung des Konsums.

• Entzugssymptome oder deren Vermeidung, indem der Konsum erhöht wird.

• Kontrollverlust, indem mehr konsumiert wird, als eigentlich geplant war.

• Intensiver Zeitaufwand, um Alkohol zu besorgen, oder sich vom letzten Konsum zu erholen.

• Um dem Substanzkonsum nachzukommen, werden andere Aktivitäten aufgegeben oder reduziert.

• Obwohl körperliche oder psychische Probleme bestehen, wird der Alkoholkonsum fortgesetzt.

• Intensives Verlangen nach alkoholischen Substanzen
bzw. einer bestimmten Substanzwirkung, auch
„Craving" genannt.

FOLGEN UND AUSWIRKUNGEN VON ALKOHOL UND SEINEN METABOLITEN

Starker und unkontrollierter Alkoholkonsum kann
verschiedene Folgen haben, aufgeteilt in körperliche
und seelische bzw. verhaltensspezifische Auswirkungen:

Zu den körperlichen Folgen gehören folgende:

• Am wohl bekanntesten ist die Schädigung der Leber:
Hohe Mengen an Acetaldehyd schädigen die Zellfunk-
tionen der Leber. Acetaldehyd ist ein Zwischenpro-
dukt, welches beim Abbau von Ethanol entsteht. Merklich wird das, wenn Sie am nächsten Morgen einen Kater haben. Wird Alkohol in der Leber abgebaut, werden
Zellen geschädigt, der Eisengehalt im Blut steigt und
gleichzeitig sammelt sich Fett an. Durch Beibehalt eines starken Konsums kann es schlussendlich zu einer
Steatosis hepatis, der sogenannten Fettleber führen,

oder noch schlimmer, zur Leberzirrhose und Leber-
krebs, da die Leber schrumpft oder vernarbt und
dadurch die Basis für Geschwüre liefert.

• Ebenfalls eine schwerwiegende Folge von dauerhaf-
tem Konsum sind Erkrankungen der Bauchspeicheldrüse. Eine Pankreatitis bezeichnet die Entzündung der
Bauchspeicheldrüse. Besonders häufig ausgelöst wird
das durch einen starken Konsum von Schnaps, da es
sich hier um langkettige Alkohole handelt, die zum
Beispiel in destillierten Getränken zu finden sind.

• Auch die Immunabwehr des Körpers wird durch Alkohol gedämpft, was zu häufigen Infektionen führen
kann. Begründet ist das durch die Lähmung der weißen
Blutkörperchen (insbesondere die Fresszellen). Das
wirkt sich negativ auf den Organismus aus, da Fresszellen üblicherweise Krankheitserreger in sich aufneh-
men und sie in Antigene zerlegen.

• Des Weiteren schädigt langfristiger und intensiver
Alkoholkonsum das Gehirn. Die Alkohol-Moleküle gelangen aufgrund ihrer geringen Größe durch die Blut-
Hirn-Schranke, jene Barriere, die das Nervensystem eigentlich vor schädlichen Stoffen schützen soll. Dort
bringen sie den Stoffwechsel durcheinander. Dies hat
unter anderem wohlbekannten Folgen wie Taumeln
oder undeutliche Aussprache. Gefährlich wird es dann,

wenn der Vitaminhaushalt dauerhaft gestört wird. Langjähriger Alkoholmissbrauch führt mitunter zu schwerem Vitamin-B1-Mangel und dem Korsakow-Wernicke-Syndrom. Diese Erkrankung des Gehirns geht mit Verwirrung, Sehstörung, Kopfschmerz und schließlich schweren Gedächtnislücken einher.

• Außerdem zu erwähnen wären die Folgen von unbedachtem Alkoholkonsum während der Schwangerschaft. Selbst die Menge von 10 ml Alkohol am Tag erreicht das sich entwickelnde Kind beinahe ungefiltert und führt zum fetalen Alkoholsyndrom, bei dem die Entwicklung des Kindes schwere Schädigungen davon trägt, die von Missbildung des Kopfes, der Gliedmaßen und den inneren Organen bis zur geistigen Beeinträchtigung reichen kann.

• Die letzte Folge, die an dieser Stelle genannt wird, ist die Veränderung des Hautbildes. Oftmals zeigen sich Veränderungen in der Haut im Gesicht und Oberkörper, beispielsweise bilden sich kleine Blutgefäße, aufgrund der Metaboliten. Bekannt ist zum Beispiel die Facies alkoholica. Ein weiteres Anzeichen ist der Verlust der Körperbehaarung.

Folgen auf der Verhaltensebene oder im psychischen Bereich können folgende sein:

• Angst: Es ist zwar bewiesen, dass Alkohol für kurze Zeit die Sinne beruhigt, allerdings funktioniert das nur kurzfristig. Bei regelmäßigem Konsum wirken sich die Botenstoffe GABA und Glutamat auf das Gehirn aus. Nach dem kurzen beruhigenden Effekt kann dann zum Beispiel Ängstlichkeit und Übererregtheit folgen.

• Depression: Aus zahlreichen Untersuchungen wurde bekannt, dass alkoholkranke Menschen Depressionen oder Burn-outs ausgesetzt sind, weil Alkohol eine depressiogene Substanz ist und deshalb oft zu depressiven Verstimmungen führt.

• Aggression: Eine sehr bekannte Folge, die man anhand des Verhaltens messen kann, ist der Verlust der Selbstkontrolle, da man im alkoholisierten Zustand seine Taten schlechter abschätzen kann, impulsiver handelt und weniger Verständnis zeigt.

• Schlafstörungen: Es in der Tat so, dass Alkoholisierte schneller einschlafen, da Alkohol die Hirnaktivität herabsenkt. Allerdings leidet darunter die Schlafqualität: Der Schlaf wird unruhiger, der Körper trocknet aus und am nächsten Morgen fühlt man sich wie gerädert. Zudem überspringt man die REM-Phase und gleitet schnell in die Tiefschlafphase. Sobald die Wirkung des Alkohols nachlässt, wird diese Phase jedoch unterbrochen und somit auch die körperliche Regeneration.

Noch riskanter ist dabei die Mischung aus Alkohol und Schlafmitteln, da diese Ihren Blutdruck absenkt und zum Kreislaufkollaps führt.

ALKOHOLVERGIFTUNG

Alkohol wirkt in großen Mengen schädlich und kann, über lange Zeit aufgenommen, auch chronische Folgen haben. Doch auch die akute Vergiftung mit Alkohol ist möglich und gefährlich.

Was als angenehmer „Schwips" oder Rausch begann, wird bald gefährlich. Die Symptome mehren und verändern sich, je mehr Alkohol sich im Blutkreislauf befindet.

Zuerst gesellen sich zur angenehmen dämpfenden Wirkung auch die Auswirkungen auf den Sprach- und Bewegungsapparat. Das Gleichgewicht zu halten, fällt zunehmend schwer. Auch ist eine generelle Wesensveränderung zu bemerken, die zu ungewöhnlichen und teils melancholischen, teils euphorischen Verhalten führt.

Orientierungs- und Reaktionsvermögen lassen nach. Schließlich kommt es zum Erbrechen, ein klares Zeichen für eine Schluck-Vergiftung.

Ist die Vergiftung noch weiter vorangeschritten (durch die Aufnahme größerer Mengen in kürzester Zeit), wie etwa beim „Rauschtrinken", treten Denk-, Sinnes- und Bewusstseinsstörungen, wie schleierhaftes Sehen, gestörtes Kälteempfinden und Apathie, ein.

Schließlich kommt es zu Bewusstlosigkeit oder zum alkoholischen Koma. In diesem Zustand droht die Erstickungsgefahr, weil es neben dem Ausfall wichtiger Reflexe, wie dem Hustenreflex, auch zu einem Stillstand der Atmung kommen kann. Ist die Vergiftung besonders schwerwiegend, kann sie auch das Herz-Kreislauf-System zusammenbrechen lassen.

Wie schnell es zur Vergiftung kommt, hängt auch immer von folgenden Faktoren ab: Gesamtverfassung, Körpergewicht, vergangene Zeit seit der letzten Nahrungs- bzw. Flüssigkeitsaufnahme, wie ausgeruht man ist und ob es Vorerkrankungen gibt. Auch wird oft eine Resistenzbildung gegen die Symptomatik festgestellt, die von einer Art Gewöhnung herrührt. Die Warnsignale des Körpers werden „abtrainiert", was zu noch gefährlicherem Konsum führen kann.

Im Allgemeinen als sich die Alkoholintoxikation in vier Stadien einteilen:

• Stadium der leichten Trunkenheit, ca. 1–2 Promille = Exzitationsstadium: Die betrunkene Person ist enthemmt, sorglos und gesprächig, sie neigt zu Selbstüberschätzung und ihre Reaktionen werden unpräzise.

• Stadium der Schläfrigkeit, ca. 2–2,5 Promille = Hypnosestadium: Die betrunkene Person neigt zum Einschlafen oder zu aggressivem Verhalten, ist müde, geht schwankend und unsicher. Das Denken ist verlangsamt.

• Stadium der Ohnmacht, ca. 2,5–4 Promille = Narkosestadium: Die betrunkene Person hat das Bewusstsein verloren und erlangt es auch nicht wieder; die Reflexe beginnen auszufallen.

• Stadium des Funktionsausfalls, >4 Promille = Asphyxiestadium: Es besteht die Gefahr des Ausfalls der Atemfunktion und/oder des Kreislaufsystems sowie rasches Auskühlen.

Direkte Maßnahmen, um gegen den Alkohol im Blut vorzugehen, gibt es nicht. Der Körper muss sich selbst von dem Gift reinigen, das er aufgenommen hat. Dabei kann man zwar nicht helfen, doch man kann zumindest sicherstellen, dass dieser Prozess optimal abläuft.

Zuallererst muss jede weitere Aufnahme von Alkohol unterbunden werden, denn falls Anzeichen einer Alkoholvergiftung zu bemerken sind, muss diese auskuriert werden. Obwohl das Erbrechen in der Form förderlich ist, da es den getrunkenen Alkohol, der sich im Magen befindet, aus dem Körper befördert, ist es gefährlich, dieses herbeizuführen, wenn kein Brechreiz besteht.

Alkohol trocknet den Körper aus, deshalb sollte Wasser zugeführt werden, falls das möglich ist. Ruhe und Schlaf unterstützen den Körper bei der Entgiftung. Es handelt sich um einen langsamen Prozess. Als Faustregel gilt, dass der Körper in einer Stunde ca. 0,1 bis 0,2 Promille abbaut. Zur vollständigen Ausnüchterung braucht es mehr als eine einzige Nacht. Vor allem in der ersten Phase ist es wichtig, zu überwachen, ob die Atmung und der Puls noch regelmäßig sind.

All dies lässt sich indessen nicht anwenden, wenn die betrunkene Person nicht ansprechbar ist. In diesem Falle muss umgehend ein Notruf abgesetzt werden. Darüber hinaus muss die Person in eine stabile Seitenlage gebracht werden oder es muss mit Wiederbelebungsmaßnahmen begonnen werden, sollten diese vonnöten sein. Sobald das Überleben sichergestellt ist, ist zu empfehlen, die Person warmzuhalten, bis der Rettungswagen eintrifft.

Im Krankenhaus wird zunächst festgestellt, welche anderen Substanzen sich im Blut befinden. Dort hat man dann die Möglichkeit, die Symptome zu lindern, Flüssigkeit intravenös zuzuführen und auch Herzschlag und Atemfunktion maschinell zu überwachen.

Die Vergiftung mit Alkohol ist eine akute Gefahr mit oft genug tödlichem Ausgang.

Vorteile eines alkoholfreien Lebens

Wenn Sie das Experiment wagen und auf Alkohol verzichten, bzw. lernen, dessen Konsum zu reduzieren, werden Sie herausfinden, dass Sie plötzlich viel mehr Energie haben und der dämpfende Effekt des Alkohols verschwindet. Doch es gibt noch einige andere positive Folgen:

Ihr Schlafrhythmus verbessert sich und wird qualitativ hochwertiger: Da die REM-Phase, welche wichtig für Konzentration, Denkprozesse und Motorik ist, nun nicht mehr übersprungen wird, verbessert sich Ihre Schlafqualität merklich und Sie sind am nächsten Tag erholt und geistig sowie körperlich wieder fit.

Sie sind gesünder: Das liegt daran, dass der Blutdruck gesenkt wird und somit auch das Risiko für eine Herz-Kreislauf-Erkrankung. Da Alkohol den Verdauungsprozess stören kann, wirkt es sich positiv aus, wenn man seinen Fokus auf seine Gesundheit lenkt. Da Alkohol immer als Erstes abgebaut wird, wird die Verdauung anderer Mageninhalte hintenan gestellt und im Anschluss kann es zu Heißhunger und Fressattacken kommen. Letztendlich leidet darunter das Gewicht. Greifen Sie also alternativ zu alkoholfreien Getränken, können Sie bedenkenlos viel trinken. Empfehlenswert sind zum Beispiel Smoothies oder das Entdecken von Teesorten, wie Mate-Tee, Rooibostee etc. Selbst Milchgetränke wie Shakes oder Kakao sind vorteilhafter, da sie aufgrund ihres Eiweißanteils zumindest satt machen. Bei der Reduzierung des Alkoholkonsums nehmen Sie also gegebenenfalls ab, wenn Sie nebenbei auch auf Ihre Ernährung achten.

Sie sind fitter: Ohne Alkohol fällt das Sport-Treiben leichter und macht mehr Spaß, da sich die Effektivität erhöht. Es ist bekannt, dass Alkohol zum Muskelschwund führen kann. Das passiert, weil es uns dehydrieren lässt und unsere Muskelzellen deshalb nicht ausreichend mit Sauerstoff und Nährstoffen beliefert werden. Alkoholfrei haben Ihre Muskeln also die Chance, sich aufzubauen, wenn sie genug Training, Pausen und Nährstoffe bekommen, und es entsteht wieder ein höherer Trainingseffekt. Der wird nämlich durch Alkoholkonsum gestört oder verringert, man könnte schon fast sagen: sabotiert.

Nebenbei gibt es noch einige selbstverständliche Folgen, die mit einer Verringerung des Konsums einhergehen: Sie haben am nächsten Tag keinen Kater und wachen leistungsbereiter auf. Sie dürfen noch Autofahren und im Allgemeinen besteht eine geringere Verletzungsgefahr.

Ausgehend von der University of Sussex gab es Anfang 2018 ein Experiment mit genau 800 Personen, die im Rahmen eines „Dry January" auf Alkohol verzichteten. Das Ziel war dabei, die eigene Gesundheit zu erhalten oder zu verbessern. Nach dem Experiment wurden die Erfolge gezählt und schon nach kurzer Zeit berichteten die Teilnehmer viel Positives:

- 88 % der Teilnehmer sparten Geld.
- 82 % reflektierten ihren Alkoholkonsum.

- 80 % fühlten sich, als hätten sie eine bessere Kontrolle über ihr Trinkverhalten.
- 71 % der Teilnehmer hatten einen besseren Schlaf.
- 67 % konnten energetischer in ihren Tag starten.
- 58 % hatten einen Gewichtsverlust.
- 57 % konnten sich besser konzentrieren.

Diese positiven Aspekte sind ein toller Anlass, zu erkennen, dass reduzierter Konsum viel in unserem Körper bewirken kann.

VON DER KONSUMVERRINGERUNG BIS ZUR ABSTINENZ

Bevor wir uns damit beschäftigen, wie Sie Ihren Konsum verringern und es sogar zur Abstinenz schaffen können, nenne ich Ihnen Tipps und Tricks, die langfristig gesehen hilfreich sind und Sie auf diesem Weg begleiten werden. Eine Sache, die viele Menschen falsch machen, ist, sich beim Trinken nicht genügend Zeit zu lassen. Aber genau im Schnelltrinken liegt der Fehler. Trinken Sie Alkohol niemals schnell, denn dann führt die schnell einsetzende Wirkung zu einiger Verwunderung. Außerdem werden Sie beim langsamen Trinken immer mit einem Glas in der Hand gesehen und vermeiden die Gefahr, dass Ihnen ein neues Glas aufgedrängt wird. Ferner wird es Ihnen sicherlich auch helfen, sich an einem Mittrinker zu orientieren, der prinzipiell immer länger braucht, sein Glas zu leeren oder verantwortungsvoll mit dem Konsum umgeht. Das bietet Ihnen einen Vergleichswert und bremst Sie darin aus, Ihr Glas zu schnell zu leeren. Für den Fall, dass Sie gern Longdrinks trinken, können Sie in einigen Bars auch alkoholarme Mixgetränke fordern. Wenn Sie diese nun auch noch langsamer trinken, profitiert Ihr Körper sehr davon. In jedem Fall sind Mischgetränke sinnvoller als hochprozentiger Alkohol, da er eine stärkere Wirkung hat, und Sie davon prinzipiell weniger trinken können, um auf denselben Pegel zu kommen, als mit einer bedachten Mischung aus Softdrink und einem alkoholischen Getränk. Hochprozentiges geht viel schneller auf die Leber.

Ein weiterer wichtiger Punkt besteht darin, auf Feiern oder in Bars zwischendurch einfach mal ein alkoholfreies Getränk zu wählen. Das schwächt den alkoholbedingten Verlust von Flüssigkeit ab und bietet Ihnen oft genug eine Pause, sodass der Konsum reinen Alkohols auf Dauer geringer wird. Genauso gut haben Sie immer die Wahl oder Möglichkeit, eine Runde lang auszusetzen. Insbesondere, wenn Sie bemerken, dass Sie eine Pause brauchen. Es wird Ihnen niemand übel nehmen. Und da wir an dieser Stelle von Ihren Mitmenschen reden: Kommunikation ist ein Schlüssel zum Erfolg. Indem Sie Ihre Freunde oder anwesende Personen bei Partys oder Treffen in der Bar darüber informieren, dass Sie für die nächste Zeit mehr auf Ihren Konsum achten möchten, bringen Sie eine weitere Kontrollinstanz ins Spiel. Sollte es Ihnen unangenehm sein, den wahren Grund dafür zu nennen, können Sie immer noch auf andere Nachteile durch Konsum zurückgreifen und einfach mal am Rande bemerken, dass Sie gesundheitlich mehr auf sich aufpassen möchten (jede Leber kann mal eine Pause gebrauchen), oder aufgrund neuer, sportlicher Ziele dem Alkohol abschwören wollen.

Ein guter Start, Alkohol zu entsagen, ist auch, zumindest zwei alkoholfreie Tage je Woche einzulegen. Je nachdem, wie hoch Ihr Konsum im Normalfall ist, wäre das ein guter Start, um sich langsam mit dem Gedanken vertraut zu machen, Ihr Trinkverhalten zukünftig in den Griff zu bekommen. Parallel dazu sollten Sie versuchen, nicht jede Gelegenheit zum Trinken mitzunehmen. Versuchen Sie, zwischendurch auszusetzen, denn es ist keine Schande, nicht jedes Mal mit

Ihren Freunden auszugehen. Michael Tremmel, ein Suchtreferent aus dem Kreuzbund-Bundesverband behauptet, dass „Kontrolliertes Trinken" ein Zwischenschritt ist, um dauerhaft auf Alkohol verzichten zu können. Den Verzicht auf Alkohol sollte man nicht als etwas Statisches sehen, sondern als Entwicklung oder Prozess. Fast niemand schafft es, von heut auf morgen mit dem Trinken aufzuhören. Deshalb ist es sinnvoll, dass Sie kleine Teilschritte und -ziele in Ihren Plan einbauen, um viele kleine Erfolgserlebnisse genießen zu können. Langfristig gesehen, sind kleine Schritte erfolgreicher. So ist es auch bei Themen wie Diäten, weniger Bildschirmzeit, Essverhalten umstellen etc.

Die 5 Schritte – Anleitung

DIE GOLDENEN FÜNF:

1. Führen Sie sich Ihren Alkoholkonsum vor Augen.
2. Denken Sie vorausschauend und planen bewusster.
3. Aus den Augen, aus dem Sinn.
4. Setzen Sie sich ein Trinklimit.
5. Kommunikation

SCHRITT 1: FÜHREN SIE SICH IHREN ALKOHOLKONSUM VOR AUGEN

Der erste Schritt besteht darin, dass Sie sich über Ihren Konsum bewusst werden und gezielt evaluieren, <u>wann</u>, wo und wieso Sie zu viel trinken. Es gibt massenhaft Gründe, viel Alkohol zu konsumieren. Ich nenne hier nun ein paar Beispiele und bitte Sie, über zutreffende Aussagen nachzudenken.

Sie werden oft eingeladen, der Runde beizutreten (Soziales Motiv)	
In Ihrem Freundeskreis ist es üblich, hohe Mengen an Alkohol zu konsumieren (Konformitätsmotiv).	
Alkohol zu trinken, ist eine Gewohnheit.	
Alkohol ist für Sie ein beliebtes Genussmittel.	
Es bieten sich viele Gelegenheiten, Alkohol zu konsumieren.	
Die Verfügbarkeit spielt eine Rolle, da viele schmackhafte Getränke in Griffweite sind.	
Sie vergessen, sich Grenzen oder Limits zu setzen.	
Alkohol und Spaß gehören für Sie zusammen.	
Ihr Konsum ist eine Folge Ihrer Unachtsamkeit.	
In letzter Zeit haben Sie mindestens eines dieser Gefühle: Stress, Trauer, Einsamkeit, Gereiztheit oder Überforderung.	

Durch Alkohol möchten Sie unangenehmen Gedanken und Gefühlen aus dem Weg gehen.	
Sie fühlen sich, als könnten Sie nur mit Alkohol entspannen.	
Sie trauen sich, unter dem Einfluss von Alkohol offener und redseliger zu werden.	

Die Folge dieser Evaluierung ist, dass Sie lernen, Ihren Trinkertyp herauszufinden. Dieses Wissen können Sie dann nutzen, um Ihr Verhalten zu ändern. Verschiedene Trinkertypen sind dabei: **Konformitätstrinken** (Alkohol abzulehnen, fällt Ihnen schwer), **soziale Motive** (Gemeinschaftsgefühl, Gruppenaktivitäten), **Bewältigungsmotive** (um unangenehmen Gefühlen aus dem Weg zu gehen) und **Verstärkungsgefühle** (Sie wollen sich gut fühlen und Spaß haben).

Je nachdem, welches Motiv für Ihren Konsum Sie entdecken, können Sie eine Technik nutzen, die dem entgegenwirkt:

Das Verstärkungsmotiv

Nehmen wir einmal an, Sie trinken aufgrund des **Verstärkungsmotivs**. Sie fühlen sich, als wäre nur Alkohol in der Lage, Ihre Stimmung zu verbessern oder Ihnen einen Ausflug vom Alltag zu bieten. Die logische

Schlussfolgerung daraus wäre, dass Sie überlegen, welche anderen Aktivitäten Ihnen Spaß machen. Ein wunderbarer Weg ist es, sich ein Hobby zu suchen. Bitte schauen Sie sich in Ihrem Bekanntenkreis um. Ist es nicht so, dass oftmals die Menschen zufrieden sind, die in gesunden Maßen einem Hobby nachgehen? Sollten Sie zu den Menschen gehören, die Probleme haben, sich für Dinge zu begeistern, fühlen Sie sich nicht schlecht, denn so geht es laut der Forschung etwa 40 % der deutschen Bürgerinnen und Bürger. Ich werde Ihnen jetzt einfach mal einige Ideen und Anregungen geben.

Professor Ulrich Reinhard bezeichnet unsere Gesellschaft als Multioptionsgesellschaft, die den Grund dafür liefert, wieso viele Menschen entweder kein Hobby haben oder ihre Tätigkeiten nicht als etwas ansehen, dass sie leidenschaftlich gern machen. Problematisch ist an dieser Stelle, dass wir unendlich viele Möglichkeiten haben, unsere Freizeit zu verbringen. Wenn wir uns nun für ein Hobby entscheiden, haben wir Sorge darum, eine andere Tätigkeit auszuschließen und somit etwas zu verpassen. Dieser Druck nimmt uns die Freiheit, einfach mal Dinge auszuprobieren, die möglicherweise sinnlos erscheinen oder wenig produktiv sind.

Als einfaches Beispiel vielleicht einmal Folgendes: Stellen Sie sich einen durchschnittlichen Menschen vor, der nun anfängt, Fahrrad zu fahren oder zu joggen. Aber der Grund dafür ist nicht, dass er Spaß daran hat oder das Hobby für sich entdecken möchte, sondern dass er damit nur verfolgt, ein paar Kalorien zu verbrennen. Oder nehmen wir als weiteres sportbezogenes Beispiel eine Medizin-Studentin, die die Möglichkeit hat, entweder einem Volleyball-Team beizutreten oder sich auf ihre zeichnerischen Fähigkeiten in einem renommierten Kurs zu konzentrieren. Wenn wir der Theorie von Professor Ulrich Reinhard folgen, ist es wahrscheinlich, dass die Studentin eigentlich Lust darauf hat, zu entdecken, wie viel Kunst in ihr steckt, aber da sie mit einem Hobby möglichst viele Ziele erreichen möchte, wählt sie Volleyball, da sie dort auch etwas für ihre Gesundheit tut und abnimmt. Das sind gute Vorsätze, aber wenn ihr bewusst ist, dass Kunst eigentlich viel eher für sie infrage kommt, dann ist es nicht die beste Entscheidung. Sie traut sich nur nicht, in der ihr verbleibenden Zeit zwischen dem Lernen etwas zu wagen und es mit dem Zeichnen zu probieren.

Eine Sache, in der manche Menschen weniger Sinn sehen als in Sport, die aber das Potenzial bietet, Emotionen auszuleben und seine Kreativität zu fördern. Was ich damit also sagen möchte: Gehen Sie mal ein Risiko ein und hören Sie auf Ihr Bauchgefühl. Gibt es etwas, wofür Sie sich schon lange interessieren? Die Briefmarkensammlung Ihres Großvaters, Inliner fahren, der Reiterhof im Nachbarörtchen, der Zeichen- oder Meditationskurs, den eine Bekannte von Ihnen leitet.

Wenn es das gibt, spricht in keinem Fall etwas dagegen, es einfach auszuprobieren. Vielleicht wissen Sie aber ja schon, was Sie begeistert, aber Sie sind wie ferngesteuert von der Angst, es auszuprobieren und dabei zu versagen. Dann sollten Sie wissen: Das gehört dazu! Fehler und Schwierigkeiten, insbesondere, wenn man etwas Neues ausprobiert, lassen sich nicht vermeiden. Aber mit Mühe und Geduld wird es mit der Zeit leichter. Wichtig ist, seine Grenzen zu kennen, egal, ob Sport, Spiel oder Kreativität. Versuchen Sie, Ihre Erwartungen zu reduzieren, akzeptieren Sie, dass der Weg zum Ziel nicht immer einfach ist, und führen Sie sich eines vor Augen: Allein Ihre Erwartungshaltung bestimmt, ob Sie ein Hobby anfangen und es auch wirklich durchziehen.

Das soziale Motiv

Wenn Sie aus einem sozialen Motiv trinken, dann meine ich damit, dass Sie trinken, um ein

Gemeinschaftsgefühl zu spüren und sich mit Ihren Freunden verbunden zu fühlen. In diesem Fall ist die Lösung ähnlich wie die des Verstärkungsmotivs: Suchen Sie sich Gruppenaktivitäten, bei denen Sie spüren, dass Sie dazugehören. Fragen Sie Ihre Familie nach einem Ausflug in der nächsten Woche, planen Sie eine Wanderung mit Ihren Arbeitskolleg*innen oder einen regelmäßigen Spieleabend mit Ihren Freunden. Es wäre ein perfekter Schritt, wenn Sie das Trinken, um dazuzugehören oder Spaß zu haben, durch andere soziale Aktivitäten zu ersetzen.

Ulrich Reinhard ist seit 2014 Professor für Empirische Zukunftsforschung. 2011 übernahm er die wissenschaftliche Leitung der Stiftung für Zukunftsfragen und er ist Mitherausgeber der Fachzeitschrift „European Journal of Futures Research (EJFR)".

Das Konformitätsmotiv

Das nächste Motiv, dass ich ansprechen möchte, ist das Konformitätstrinken. In diesem Fall sollte es Ihnen schwerfallen, ein klares „Nein" zu kommunizieren und Alkohol abzulehnen. Da das für viele ein großes Problem darstellt, biete ich Ihnen einen kurzen Crashkurs an: Sie sollten sich an dieser Stelle bewusst machen, dass ein Nein in diesem Kontext niemals unangemessen ist. Psychologin Nathalie Krahé erwähnt auf die Frage, was einige Leute zu besseren „Neinsagern" macht, einmal Folgendes: „Hier kommen Persönlichkeitsaspekte und soziale Vorbilder zum Tragen.

Wenn es in meinem Umfeld gestattet ist oder sogar unterstützt wird, Nein zu sagen und auf diese Weise Position zu beziehen, fällt es mir entsprechend leicht. Habe ich aber die Erfahrung gemacht, dass ein Nein unerwünscht ist und sogar sanktioniert wird, werde ich mich ganz anders verhalten." Das führt sie noch weiter aus, indem sie bemerkte, dass Nein zu sagen ein automatischer Prozess sein sollte, der wichtig für unsere Selbstfürsorge ist. Eine Taktik, um gegen das Problem zu wirken, ist, sich für Entscheidungen (wie etwa die Frage, ob Sie am nächsten Abend mit Ihren Freunden in die Kneipe wollen) Zeit zu erbitten. Selbst, wenn es nur einige Minuten sind, ist es hilfreich, sich ohne Druck damit auseinanderzusetzen, ob man die Einladung annimmt, sich lieber Zeit für sich selbst einplant oder lieber eine unerledigte Aufgabe ausübt.

Wenn Sie Zeit erbitten, zeigen Sie Ihrem Gegenüber, dass Sie die Sache ernst nehmen und sie Ihnen wichtig ist. Wenn Sie dann wirklich dazu kommen,

Nein zu sagen, versuchen Sie, festen Blickkontakt zu haben und mit einer sicheren Stimme zu sprechen, damit Sie ernst genommen werden und Sie aufweisen, dass es keinen Spielraum für andere Entscheidungen mehr gibt.

Das Bewältigungsmotiv

Im letzten Schritt nehmen wir uns nun das Bewältigungstrinken vor. Laut dieser Definition sind negative Emotionen der Auslöser für Ihre Trinkeskapaden. Sie möchten unangenehmen Erinnerungen oder Gefühlen aus dem Weg gehen oder sich endlich wieder gut fühlen und den Alkohol seine Arbeit machen lassen? Nur mit Alkohol können Sie sich abends entspannen und sind nicht mehr von Stress, Trauer, Einsamkeit, Gereiztheit oder Überforderung geplagt? Werden Sie sich bewusst, dass Alkohol keine Lösung ist. Wie ich im Kapitel „Folgen und Auswirkungen [...]" schon angemerkt habe, verstärken alkoholische Getränke negative Gefühle und fördern sogar Depressionen und Angstzustände. Deswegen möchte ich nun auf das Verständnis von Gefühlen, das „emotionale Netz" und die Methode des „Gefühlssurfen" einbringen:

Wenn Sie in Ihrem Alltag auf die Frage „Wie geht es dir?" stoßen, wie oft antworten Sie dann mit „Ganz gut und dir?". Oftmals stößt man also auf einsilbige

Antworten und es fehlen die Worte. Schließlich stellen wir in vielen Situationen unseren Verstand über das Bauchgefühl oder haben gelernt, dass es eine Schwäche ist, Gefühle zu zeigen. Dabei ist es für uns Menschen sehr wichtig, unsere Gefühle zu erkennen und zum Ausdruck zu bringen. In diesem Kontext wird von Signalfunktionen gesprochen. Positive Gefühle wie Liebe und Freude weisen uns auf, was uns guttut. Gegensätzlich ist das mit negativen Gefühlen wie Sorge und Ärger. Hier wird uns deutlich, dass uns etwas fehlt, und wir können nicht erfüllte Bedürfnisse beobachten.

In der Psychologie gibt es das *emotionale Netz*, das ich anspreche, um zu erklären, wie Gefühle funktionieren und entstehen. Gefühle gelten hier als angeborenes Signalsystem und sie funktionieren auf verschiedenen Ebenen:

• Wahrnehmung: In diesem Fall bewirken äußere Umstände, dass wir uns wohl oder unwohl fühlen. Je nachdem, ob Sie sich in einem Raum mit vielen Menschen wohl oder unwohl fühlen, wirkt sich das auf Ihre Emotionen aus. Oder werden Sie gerade von Ihrem Boss angeschrien? Diese Situation wird durch Ihre Wahrnehmung gefiltert und gedeutet.

• Gedanken: Gefühle wirken sich stark auf unsere emotionale Grundhaltung aus und somit auch auf das Denken. Emotionen wecken Erinnerungen an vergangene Momente, in denen wir uns ähnlich gefühlt haben, und beeinflussen unser logisches Denken.

• Körperreaktionen: Ein weiterer Wirkungsort ist unser Körper. Denken Sie an eine Prüfungssituation, werden Ihre Hände feucht, Ihr Herz klopft und Sie fühlen sich unruhig. Körperliche Reaktionen sollen uns auf zukünftiges Verhalten unsererseits vorbereiten.

• Handlungsimpuls: Wir planen und zeigen Reaktionen, die der Umweltsituation und unseren Gefühlen entsprechen: Flucht bei Angst, Angriff bei Bedrohungsgefühlen oder Wut.

Gefühle kann man nicht als statisch bezeichnen, sie sind immer in Bewegung und können alle 40 Sekunden wechseln (mit Ausnahme von Trauer). Bezogen auf die Beweglichkeit von Gefühlen hat HelloBetter, ein Anbieter digitaler Medizinprodukte für psychische Erkrankungen, einen guten Artikel über das Gefühlssurfen hervorgebracht. Bei dieser Übung geht es darum, Emotionen in einem Vergleich als Wellen im Ozean zu beschreiben, denn: Wellen bauen sich auf, schlagen aus, ebben ab und bilden sich wieder neu. Genauso ist es mit Gefühlen, die durch Gedanken, Umweltfaktoren oder Erinnerungen und durch andere Gedanken oder Kontexte wieder abgeschwächt werden können. Wenn in Ihnen also unangenehme Emotionen erscheinen, sollten Sie versuchen, diese Welle mitzureiten und nicht dagegen anzukämpfen. Gegen die Welle zu schwimmen, ist immer schwieriger, als sich von ihr leiten zu lassen und zu schauen, wie sie sich verhält.

Machen Sie eine Liste

Die Motive für Ihr Trinkverhalten herauszufinden, war ein guter erster Schritt, ist aber nicht ausreichend. Als Nächstes bitte ich Sie, eine Liste zu erstellen, die folgende Punkte beinhaltet:

• Wie viele alkoholfreie Tage haben Sie in letzter Zeit pro Woche eingelegt?

• Wie viele alkoholfreie Tage planen Sie ab jetzt, je Woche einzulegen?

• Welche Gründe haben Sie, Ihren Alkoholkonsum zu reduzieren?

• Wieso lohnt es sich, weniger Alkohol zu trinken?

• Welchen positiven Effekt könnte das für Ihre Beziehungen oder Ihren Körper haben?

Ganz egal, ob Sie dem Alkohol komplett entsagen oder kleinschrittig vorgehen möchten, indem Sie Ihren

Konsum erst mal nur gewinnbringend verringern: Listen sind ein guter Schritt, sich Ihrer Ziele bewusst zu werden und sich selbst aufzuweisen, wieso man es tut und welche positiven Effekte daraus folgen. Notieren Sie sich alle Gründe, die Ihnen einfallen. Eventuell möchten Sie ja Ihre Beziehungsstrukturen verbessern, Ihre Gesundheit verbessern oder sportlich wieder fitter werden.

SCHRITT 2: VORAUSSCHAUEND DENKEN UND BEWUSST PLANEN

Wenn Sie sich schon genügend mit Ihrem Trinkverhalten und den Momenten, in denen es zu hohem Konsum kommt, auseinandergesetzt haben, sollten Sie ein grobes Muster entdecken: Findet der Konsum von alkoholischen Getränken immer in Gesellschaft mit Freunden in Ihrer Lieblingsbar statt oder sind Sie dabei allein auf der Couch, während Sie sich von Ihrer Arbeit erholen oder negativer Stimmung ausgesetzt sind? Am besten finden Sie heraus, welche Situationen Sie mit dem Alkoholtrinken verbinden. Sie können gezielt Ihren Alkoholkonsum reduzieren, indem Sie nach der Identifizierung dieser Momente Ihre Aktivitäten umplanen und diese „Trinksituationen" gezielt umgehen.

Wie wäre es, wenn Sie sich eine Alternative überlegen, mit der Sie auf Alkohol verzichten können. Kinobesuche statt Besuche in der Bar. Nach dem Feierabend einen Spieleabend anstatt eines abendlichen Bieres.

Führen Sie sich den nächsten Tag vor Augen

Sehr praktisch ist es, an den nächsten Tag zu denken und ihn sich vor Augen zu führen. Müssen Sie früh aufstehen für die Arbeit oder weil ein Verwandter vorbeikommt? Nehmen Sie insbesondere das als Grund, den Tag vorher nicht zu trinken. Machen Sie sich bewusst, dass Sie am nächsten Tag das Beste aus sich herausholen möchten – Alkohol steht Ihnen dabei im Weg. Parallel dazu können Sie auch überlegen, an wie vielen Tagen Sie etwas geplant hatten oder Ihre Freunde etwas von Ihnen erwartet haben, Sie es aber nicht erfüllen konnten, weil Sie am Tag vorher oder am selben Tag etwas getrunken haben. Egal, ob es etwas Wichtiges war wie ein Ausflug, ein Vortrag vor Ihren Kolleg*innen oder Kleinigkeiten im Haushalt, wie einzukaufen und aufzuräumen. Wie haben Sie sich danach gefühlt?

SCHRITT 3: SETZEN SIE SICH EIN TRINKLIMIT

Das klingt trivial, oder nicht? Vielleicht denken Sie sich jetzt ironischerweise auch: „Sag bloß, darauf wäre ich niemals gekommen!" Aber Sie sollten wissen, dass sich Situationen, in denen Sie normalerweise trinken, nicht immer vermeiden lassen. Triviale Gründe, wie das Geburtstagsfest Ihrer Tante oder ein gemütliches ‚Wein und Käse kosten' mit der besten Freundin, können theoretisch immer einen Anlass geben. Für diese Momente ist es sinnvoll, dass Sie sich ein **exaktes Ziel** setzen, wann Sie wie viel trinken. Wie zum Beispiel: Einen Longdrink angesetzt auf zwei Stunden, dazwischen nur Softdrinks oder alkoholfreie Varianten. Oder: Beim Abendessen mit meiner Großmutter morgen trinke ich ein Glas Wein, dafür aber keinen Absacker und keinen Sekt. Ideal ist es dann auch, wenn Sie Ihren „Mittrinkern" früh genug Bescheid geben, damit diese nicht unwissentlich zwei Flaschen kaufen. Gegebenenfalls kann diese Person Sie auch daran erinnern, dass Sie sich eine Grenze gesetzt haben. Wenn Sie sich dann also am nächsten Tag in dieser Situation wiederfinden, müssen Sie sich gar nicht mehr fragen, ob Sie noch ein Glas mittrinken oder es lieber sein lassen. Die Antwort lautet in jedem Fall: Ich trinke nur bis zu meinem gesetzten Limit.

SCHRITT 4: AUS DEN AUGEN, AUS DEM SINN

Eine Tatsache, die oft vergessen wird, ist: Aus den Augen, aus dem Sinn. Was Sie nicht haben, können Sie nicht trinken. Ich bin mir sicher, jeder von uns kennt, wenn auch bezogen auf einen anderen Suchtstoff, folgende Situation: Es ist Samstagnacht, 23:00 Uhr. Sie verspüren den Drang, sich noch ein weiteres Bier/ eine weitere Zigarette/ eine weitere Tafel Schokolade/ setzen Sie ein, was Sie möchten, einzuverleiben. Der Haken ist nun: Es ist nichts mehr da und Ihre Nachbarn möchten Sie auch nicht um Hilfe bitten. Dummerweise haben auch alle Einkaufsläden um diese Uhrzeit geschlossen. Was tun Sie nun? Genau!

Sie drehen eine weitere Runde durch Ihre Wohnung, öffnen noch einmal alle Schränke und Türen, die Sie finden. Sogar im Geheimvorrat schauen Sie nach. Aber nein, nichts da. Und auch nichts zu machen. Alternativ könnten Sie an dieser Stelle zu einem anderen Mittel greifen: aus Frust etwas anderes essen, das eigentlich gar nicht ins Bild passt, oder als Alternative zur E-Zigarette greifen, die Sie sonst immer verschmähen. Ganz nach dem Motto: Not macht erfinderisch. Im Zweifelsfall müssen Sie dann komplett auf die Substanz verzichten, die Sie konsumieren wollten.

Das ist ein simpler Trick, den man beabsichtigt anwenden kann, um seinen Konsum zu verringern. Wenn Sie keinen Alkohol in der Nähe haben, dann können Sie ihn auch nicht trinken. Verfügbarkeit bedingt also den Konsum und auch die Lust dazu. Wenn Sie Ihren Kühlschrank öffnen und ganz vorn steht eine Flasche Chardonnay, die Sie anzulächeln scheint, können Sie schwierig widerstehen. Besonders gemein ist das, wenn Sie vorher überhaupt nicht die Absicht hatten, etwas zu trinken, sondern nur nach Obst greifen wollten. Deshalb lege ich Ihnen nahe, Alkohol (wenn überhaupt) im Keller zwischenzulagern. Ideal ist es dennoch, wenn Sie Alkohol nur in geringen Maßen kaufen gehen, sodass kein Vorrat entstehen kann. Wenn Sie nämlich nach dem letzten Glas Wein erst zu einem Discounter fahren müssen, um eine neue Flasche zu kaufen, ist die Wahrscheinlichkeit geringer, das auch wirklich zu tun.

SCHRITT 5: KOMMUNIKATION

Gespräch mit ihrer Familie

Der Schritt der Kommunikation ist sehr bedeutsam, und doch scheuen sich Menschen davor, sich ihrem engsten Bekanntenkreis anzuvertrauen. Egal, wie stark der Grad der Abhängigkeit ist, Menschen schrecken davor zurück, Ihre Schwächen offenzulegen und offen zuzugeben, dass Sie nicht oder kaum mehr auf Alkohol verzichten können. Das ist schließlich ein sehr sensibles Thema. Sollten Sie auch zu diesen Menschen gehören, habe ich im Folgenden ein paar Kommentare dazu verloren, wieso es sich lohnt, sich seinen Liebsten auf die richtige Art und Weise anvertrauen zu können und ein Alkoholproblem anzusprechen. Jene Gefühle, die sich entwickeln, wenn wir negative Emotionen, wie Schuld und Selbsthass, in uns begraben, stauen sich mit der Zeit auf und Gespräche können dort Wunder bewirken.

Wir alle führen zahlreiche Gespräche mit unseren Angehörigen, aber diese bieten meistens keinen Raum für Schuldgefühle oder Herausforderungen und wir müssen nicht aufgeregt sein, denn Austausch ist etwas Gutes. Wenn Sie sich nun aber dazu entschließen, einer Person Ihres Vertrauens Ihr Problemverhalten zu beichten, dann merken Sie sich eines: Es ist keine Schande, unter einer Abhängigkeit zu leiden, und es macht Sie schon gar nicht zu einem anderen oder schlechteren Menschen. Und seien wir mal ganz ehrlich: Wir alle haben eine Form von Suchtverhalten. Oder wieso scheitern zahlreiche Diäten? Und wieso scheitert der Versuch, sich von seinen Zigaretten zu lösen? Auch Essen ist eine Sucht, wenn auch eine notwendige. Machen Sie Ihrem Gegenüber deutlich, dass Ihr Suchtverhalten ungewollt ist, und stellen Sie einen Vergleich dar. Vergleichen Sie Ihren Alkoholkonsum mit der Sucht nach Handy/ Computer/ TV-Konsum/ Spielen/ Zigaretten/ dem Drang nach Sport etc. Alkoholkonsum mag aufgrund der negativen Folgen schwerwiegender erscheinen als die Tatsache, sein Handy nicht weglegen zu können, aber dennoch veranschaulicht dieser Vergleich, wie schwierig es ist, Verzicht zu leisten.

In jedem Fall ist es lohnend, sich einer Person anzuvertrauen. Ich kann Ihnen versichern, dass Sie dadurch auf Verständnis für Ihre Gefühle stoßen werden. Und genauso auf Hilfe und Unterstützung, die man Ihnen aber nur bieten kann, wenn man Bescheid weiß. Stellen Sie sich vor, wie erleichternd es ist, nach diesem aufklärenden Gespräch offen und ehrlich zu besagter Person gehen zu können, um ihr von Fortschritten oder auch Rückschlägen zu erzählen. Allein das Gefühl dieser Möglichkeit bewirkt, dass Sie mit dem Problem nicht mehr allein sind, und es gibt eine Person, die Ihnen über die Schulter blicken kann und eine Kontrollfunktion ausübt, wenn Sie das wünschen.

Um das Gespräch nun aber führen zu können, gibt es folgende Strategien, um Mut zu sammeln oder sich vorzubereiten:

1. Schreiben Sie sich auf, wie und mit wem Sie das Gespräch führen möchten und machen Sie sich Gedanken, wann, wo und in welchem Umfeld:

• Suchen Sie sich ein ruhiges Umfeld, in dem Sie sichergehen können, dass keine andere Person mithören wird. Wählen Sie einen Tag, an dem Sie sich gut fühlen oder Ihre Ansprechperson guter Laune zu sein scheint.

• Idealerweise strukturieren und schreiben Sie einen Text vor, an den Sie sich während des Gesprächs halten können.

• Verwenden Sie für Ihre Formulierungen nur Wörter, mit denen Sie sich wohlfühlen.

2. Versuchen Sie, vorherzusehen, wie die Person reagieren würde

• Stellen Sie sich ein typisches Gespräch mit dieser Person vor und machen Sie sich klar, in welchem Muster diese Person typischerweise antwortet. Ist sie eher zurückhaltend und hört sich die gesamte Sachlage an, bevor sie ihre Meinung äußert? Ist die Person offen und erwarten Sie, dass Ihre Botschaft gut angenommen wird?

• Gehen Sie Antwortmöglichkeiten Ihrer Gegenseite durch und stellen Sie sich auf verschiedene Endszenarien ein, um dann später darauf gefasst zu sein.

3. Starten Sie das Gespräch nicht sofort mit dem Suchtthema

• Starten Sie die Unterhaltung mit unverfänglichen Themen oder Fragen an die andere Person.

• Das ist hilfreich, da Sie in einen Gesprächs-Flow hineingelangen, sicherer werden und die Stimmungslage Ihres Gegenübers identifizieren. Sollten Sie eine negative Stimmung bemerken, können Sie vorerst immer noch einen Rückzieher machen.

• Andernfalls besteht dann für Sie die Möglichkeit, den ernsten Teil des Gesprächs anzusprechen, indem Sie Ihr Gegenüber bitten, Ihnen erst einmal in Ruhe zuzuhören.

Wie Sie sich auch entscheiden, bitte seien Sie sich sicher, dass es hilft, wenn Ihr engster Kreis von Ihrem Suchtverhalten Kenntnis hat. Sie erhalten Unterstützung und manchmal auch einen helfenden, mahnenden Zeigefinger, der Ihnen den richtigen Weg zeigt.

Gespräch mit einem Therapeuten

Da wir uns mit hier mit Kommunikation auseinandersetzen, möchte ich Ihnen auch den Hinweis unterbreiten, sich durch einen Suchttherapeut*in beraten und therapieren zu lassen, wenn Sie Ihren Konsum als sehr problematisch wahrnehmen und keinen Weg sehen, Ihr Suchtverhalten allein einzudämmen.

Professionelle Hilfe hat den Vorteil, dass Therapeut*innen fachlich ausgebildet sind und anhand verschiedener psychologischer Modelle arbeiten. Sind erst einmal die individuellen Kriterien, die Ihren Entzug definieren, geklärt, entwickeln Sie gemeinsam mit dem Arzt/ der Ärztin ein therapeutisches Vorgehen, welches Sie unterstützen soll und auch realistisch durchführbar ist. In diesem Kontext möchte ich das „SMART-Modell" erwähnen, dass sich auf die Definition von Zielen oder Prozessen bezieht. Möchte man ein neues Ziel definieren, in diesem Fall einen verringerten Konsum oder Abstinenz, dann sollte das nach den fünf Regeln des SMART-Modells geschehen: Das

Ziel muss spezifisch, messbar, akzeptiert, realistisch, terminierbar sein. Gemeint ist damit Folgendes:

• Spezifisch = Ihr Ziel darf nicht nur beinhalten: „Ich möchte meinen Konsum verringern", sondern muss genauer definiert sein. Sie wollen Ihren Konsum verringern? Okay, aber wieso? Und wie? Bekommen Sie dabei Hilfe? In welchen Situationen wollen Sie nun zukünftig auf Alkohol verzichten und wann nicht?

• Messbar: Wichtig ist, dass Ihr Ziel messbar sein muss. Jede Woche 0,5 Milliliter weniger vom reinen Alkohol in Getränken wäre hiermit ein Beispiel.

• Akzeptiert: Das Ziel muss Sie ansprechen und Bedeutung für Sie haben. Welche Relevanz hat das Ziel, welches Sie aufstellen möchten? Was erhoffen Sie sich dadurch für Ihre Zukunft und welche Vorteile hätte das Erreichen dieses Zieles?

• Realistisch: Setzen Sie sich keine Ziele, die unerreichbar erscheinen. Ein Beispiel wäre zum Beispiel der kalte Entzug, der ist in den meisten Fällen undenkbar und kann zu lebensbedrohlichen Entzugserscheinungen führen. Darüber hinaus ist die Chance auf Abstinenz verhältnismäßig geringer als bei einem langsamen Entzug. Realistisch meint also: Setzen Sie sich kleine Teilziele und freuen Sie sich darüber, wenn Sie

Ihren Plan, am Samstagabend zur Abwechslung mal kein Glas Wein zu trinken, erfüllt haben.

• Terminierbar: Ein wichtiger Punkt zum Schluss ist, seine Ziele nicht auf „irgendwann sind sie erfüllt" auszustrecken. Was Sie benötigen, sind klare Definitionen, wie „Bis zum nächsten Montag möchte ich ... und einen Monat später werde ich schon ...".

In einigen Fällen ist nach der Planung des weiteren Vorgehens erst mal eine Entzugsbehandlung (auch: Entgiftung) innerhalb einer Fachklinik sinnvoll. Davon ausgehend wird dann die Therapie starten. Auch hier gibt es verschiedenen Formen, oftmals ausgehend von der Therapie, die dahintersteht:

Behandlungsmethode, die auf dem kognitiven Verhaltensmodell basiert:

Eine Vielzahl der heutigen Behandlungsmethoden basieren auf dem kognitiven Verhaltensmodell von Albert Ellis. Alkohol wird hier als starker Bewältigungsmechanismus (sehen Sie: Bewältigungsmotiv) gesehen oder, um es anders auszudrücken, als Art „Selbsttherapie". Alkohol wird in diesem Fall also zu sich genommen, damit man sich besser fühlt, nachdem einen Sorgen geplagt haben. Ziel der Therapie ist natürlich, diesen Konsum zu reduzieren und stattdessen das Interesse an anderen Aktivitäten zu verstärken.

Kontrolliertes Trinken

Hierbei besteht das Ziel der Behandlung darin, das Trinkverhalten des Patienten so zu modellieren, dass er nicht mehr übermäßig viel konsumiert, sondern innerhalb eines vorher definierten Umfangs. Die Person behält also die Freiheit, in bestimmten Situationen zu verzichten und zu trinken. Hierzu wird ein Trinkplan, die Menge und Zeit sowie der Ort vorher festgelegt. Unter anderem gehört dazu auch das „Trinken unter Kontrolle", was so viel bedeutet wie: Unter fachlicher Aufsicht, in einem streng gesetzten Rahmen unter Einhaltung bestimmter Verhaltensregeln. Positiv wirkt es sich aus, da kontrolliertes Trinken zu bestimmten Zeiten Schadensbegrenzung betreibt, da die Person ansonsten viel mehr und heimlich trinken könnte.

Abneigungstherapie (Aversionstherapie)

Hier ist das Ziel, Ihr Verlangen nach Alkohol durch den Einsatz von verschiedenen Reizen und Bildern langfristig zu stillen oder komplett zu besiegen. Genauer gesagt bedeutet das, dass der Therapeut den Alkoholmissbrauch (definiert als unerwünschte

Verhaltensweise) mit einem unangenehmen Reiz koppelt. Hierbei findet eine Konditionierung statt, da der Patient Alkohol nun mit etwas Negativen verbindet. Beispielsweise mit einem unangenehmen Geruch oder Geschmack. 1929 wurden unter anderem Elektroschocks, chemische Stoffe oder reine Visualisierung von unangenehmen Dingen genutzt, wie es auch auf Zigarettenschachteln zu sehen ist.

Reha bei Alkoholsucht

Reha im Sinne der Alkoholsucht meint entweder ambulante oder stationäre Betreuung während Ihrer Entwöhnungsphase. Im Durchschnitt dauert sie etwa 8 bis 16 Wochen.

Die therapeutischen Maßnahmen in der Reha sehen wie folgt aus: Es gibt neben Gruppen auch Einzelgespräche, in welchen Sie Vorgehen erlernen, mithilfe derer Sie lernen, das Verlangen nach Alkohol zu stoppen. Begleitend dazu kann medikamentöse Behandlung und Bewegungs- sowie Entspannungstherapie erfolgen.

Die wichtigste Bestimmung ist letztendlich, dass Rückfälle vermieden werden. Dafür gibt es verschiedene Methoden:

- Der geschulte Umgang mit Risikosituationen, wie etwa eine Drucksituation, der Besuch einer Party oder Streit und Ärger mit einem Menschen, der einem nahe ist.
- Hintergründe und Auslöser der Sucht werden gesucht und besprochen.
- Schließlich gibt es auch noch Gespräche und Tipps für Partner bzw. Familienmitglieder, damit sie lernen, mit der Sucht ihres Angehörigen umzugehen und ihn zu unterstützen.

Eine Reha bessert die Chancen auf komplette Genesung um 70 %.

Selbsthilfegruppen

Neben den Therapieformen treten Menschen, die von Sucht betroffen sind, immer öfter in kostenlose und anonyme Selbsthilfegruppen ein. Schätzungsweise gibt es heutzutage mehr als 120.000 Mitglieder in rund 7.000 Selbsthilfegruppen allein in Deutschland (Angehörige mitgerechnet). Oftmals gibt es wöchentliche Sitzungen mit einem Umfang von zwei bis drei Stunden. In der Regel gibt es wenige Regeln oder Vorschriften und sie sind für jede/jeden Teilnehmer*in offen. Oberstes Prinzip ist, dass alles Vertrauliche, das in die

Gruppe hineingebracht wird, auch innerhalb der Gruppe bleibt und an keinen Dritten weitergegeben werden darf. Und: Jede Person, die der Gruppe beitritt, ist wertvoll. Innerhalb der Gruppe hängt ein Teil Ihres Erfolges davon ab, inwiefern Sie lernen, mit anderen über persönliche Anliegen zu reden und sich zu öffnen. Aus diesem Grund sind solche Gruppen nicht für jede Person etwas. Redet man aber offen über seine Gefühle, Beweggründe und Verhaltensweisen, gibt das oft Hinweise auf tief verborgene Ursachen für die Sucht. Vielleicht gibt es tiefer liegende Problematiken, die erst durch das Gespräch zum Vorschein kommen.

Selbsthilfegruppen haben eine große Wirkung: Neben dem reinen Austausch mit anderen Menschen lernen Sie neue Betrachtungsweisen, Probleme und Problemlösungen. Sie sammeln Erfahrungen, wie eine Person, die in Ihrer Erholung von der Sucht schon weiter vorangeschritten ist, ihre eigenen Teilschritte erreicht hat. Dabei gehen Sie auch Beziehungen ein.

Einige letzte Tipps und Hinweise

Zu guter Letzt gebe ich Ihnen noch ein paar kleine Umsetzungshinweise für verschiedene Situationen:

VOR DEM TRINKEN:

• Bei Durst oder Hektik: Niemals Alkohol trinken.

• Lenken Sie sich durch Freizeitvertreib oder soziale Kontakte von Ihrem Durst ab.

• Nutzen Sie die 15-Minuten-Regel: Wenn Sie Durst haben, warten Sie eine Viertelstunde. Besteht dann noch immer der Durst, dürfen Sie eine geregelte Menge trinken.

• Denken Sie daran, dass Alkohol (insbesondere Bier und Cocktails) dick machen und fragen Sie sich genau wie bei Süßigkeiten, ob es Ihnen das wert ist.

• Trauen Sie sich, NEIN zu sagen, wenn man Ihnen nachschenken möchte.

• Alkohol ist nicht gleich Spaß oder Entspannung – Sie BRAUCHEN keinen Alkohol, um locker zu werden oder Spaß mit Freunden zu haben.

• Führen Sie sich vor Augen, dass Alkohol schlapp macht und Sie am nächsten Tag weniger positiv und fit durchstarten können als ohne Konsum am Vorabend.

WÄHREND DEM TRINKEN:

• Bestellen Sie sich als Erstes immer ein alkoholfreies Getränk – viele Bars bieten attraktive Cocktails ohne Alkohol an, die mit demselben Genuss verbunden sind und nebenbei ein Schmaus fürs Auge.

• Füllen Sie Ihren Abend nicht nur mit Alkohol, sondern genießen Sie auch zwischendurch alkoholfreie Drinks oder einfach Wasser.

- Bleiben Sie bei einer Sorte Alkohol – somit hören Sie schneller auf zu trinken, da Sie es nach einiger Zeit satthaben, und zusätzlich verringert es auch den zutiefst unbeliebten Kater am nächsten Morgen.
- Langsames Trinken ist das A und O.
- Bauen Sie sich in Geschehnisse und Gespräche ein, anstatt nur an Ihrem Getränk zu sitzen, denn umso mehr konsumieren Sie in dem Moment.

VOR DEM NÄCHSTEN ALKOHOLKONSUM

- Wenn Ihre Runde neue Getränke bestellt, setzen Sie eine Runde aus oder lassen Sie mit Absicht etwas im Glas über.
- Hektik ist fehl am Platz, egal, ob gemütliche Runde oder Party. Wenn Glas und Magen noch voll sind, dann ist das eben so.
- Gute Orientierungspunkte bieten Personen, die dafür bekannt sind, langsam oder alkoholfrei zu trinken.
- Aufnahme von Salzen (zum Beispiel in Chips) erhöht den Durst beziehungsweise verstärkt ihn. Daraus kann man schlussfolgern: Man trinkt noch mehr und der Alkohol regt wieder den Appetit an – hier sehen Sie also einen Teufelskreis.

• Überlegen Sie zum Beispiel bei Wein besonders stark: Wie hoch ist der Genuss, wenn Sie jetzt noch ein Glas bestellen? Muss das wirklich sein oder tut es auch eine fruchtige Schorle oder ein alkoholfreier Cocktail, der viel abwechslungsreicher ist? Ziehen Sie eine Grenze zwischen „wollen" und „die anderen bestellen auch noch Alkohol, das könnte ich auch einfach tun".

• Interessant wird es auch, wenn Sie sich einen Alkoholtester bestellen, mit dem Sie Ihren Alkoholgehalt im Blut überprüfen können. Diese Geräte sind klein und passen ideal in kleine Handtaschen oder Hosentaschen. Sie haben also über Ihre Schätzung hinaus Sicherheit, wie stark der Alkohol Sie schon beeinflusst und ob ein weiteres Glas wirklich noch Not tut.

LANGFRISTIGE GEWOHNHEITEN:

• Legen Sie sich einen Vorrat an alkoholfreien Getränken zu: Neben alkoholfreiem Weizen und Cocktails, die man ohne Alkohol ganz leicht selbst machen kann, gibt es sogar schon alkoholfreie Weine und Sekte.

• Haben Sie nicht stets gekühlten Alkohol im Kühlschrank, denn das erhöht die Attraktivität und macht die Entscheidung, danach zu greifen, sehr viel leichter.

• Nutzen Sie das Gefühl der sozialen Verpflichtung: Nehmen Sie sich einen guten Freund/ eine gute Freundin oder Ihren Partner/ Ihre Partnerin zur Seite und starten mit ihm/ ihr ein gemeinsames alkoholfreies Wochenende und erweitern Sie das nach und nach. In der Gegenwart des anderen fällt es schwerer, aufzugeben, da der Ehrgeiz geweckt ist.

• Suchen Sie sich eine Person und stellen Sie mit ihr gemeinsam einen Plan auf (folgen Sie dabei den Schritten meiner Anleitung). Diese Person müssen Sie notfalls nicht persönlich kennen, wenn Ihnen das einfacher fällt oder angenehmer ist. Hat einer von Ihnen Rückfälle, gibt es auf der anderen Seite jemanden, der wieder zur Motivation herangezogen werden kann oder als Vorbild gilt.

• In Clubs oder Bars sollten Sie die sogenannten „Flatrate-Angebote" meiden. Hierbei geht es darum, dass man ab einer bestimmten Uhrzeit und unter bestimmten Bedingungen grenzenlos trinken kann. Halten Sie sich immer vor Augen, dass hohe Mengen Alkohol für den Moment spaßig sind, aber langfristig gesehen schädlich und für den nächsten Morgen ein unangenehmes Erlebnis.

• Wenn Sie sich auf Partys als Fahrer bereit erklären, dürfen Sie nichts trinken und ziehen eine automatische Grenze vor alkoholischen Getränken.

• Legen Sie Regeln fest: Nur am Wochenende Alkohol, oder: Alle zwei Wochen verzichte ich sieben Tage am Stück auf Alkohol.

• Wenn Sie schon mehr Disziplin aufweisen, können Sie sich Alkohol auch nur zu ganz besonderen Anlässen, wie etwa Hochzeitsfeiern, erlauben.

• Erstellen Sie eine Checkliste, auf der Sie Ziele abhaken, Erfolge notieren und beschreiben, was Ihnen in dieser Woche besonders schwergefallen ist. So etwas gibt es auch in digitaler Form in allen App Stores.

DENKEN SIE AN IHRE GESUNDHEIT

Um jetzt noch einmal Klartext zu reden: Alkohol wird verharmlost und als selbstverständlich dargestellt und wahrgenommen. Sie sollten niemals den Gedanken vernachlässigen, dass er langfristig gesehen psychische und körperliche Schäden hinterlässt, zu ungewollten Verhalten führt und in Sucht oder Missbrauch anderer Substanzen ausarten kann. Ich bitte Sie, neben dem Spaß am Konsum niemals die Gesundheit Ihres

Körpers zu vergessen. Niere, Leber, Immunsystem und vieles mehr werden Ihnen danken, wenn Sie Ihren Konsum reduzieren und es letztendlich zu einem abstinenten Leben schaffen.

Alkohol ist ganz klar eine Alltagsdroge, von der sich zahlreiche Menschen psychisch und physisch abhängig machen. Doch es gibt noch weitaus mehr Strategien, sein soziales Leben zu verwirklichen, Frust und Wut auszulassen oder Trauer zu verarbeiten. Unterschätzen Sie dabei niemals die unglaubliche Wirkung eines Gesprächs mit einer Bezugsperson, die heilenden Effekte von Sport, Bewegung und Natur oder das Gefühl von Kontrolle, das Sie jetzt Schritt für Schritt erlernen werden. Sie müssen in den nächsten Wochen und Monaten lernen, eine neue Routine und neue Gedankenkonstrukte aufzustellen. Hinterfragen Sie zu jedem Zeitpunkt Ihren Konsum und überlegen Sie, ob das nächste Glas oder die nächste Flasche wirklich nötig ist.

Eine solche Umstellung gelingt nicht von heut auf morgen und ist mit Risiken, Rückschlägen und Arbeit verbunden. Aber vergessen Sie dabei nicht, dass sich diese Arbeit am Ende auszahlt, Ihr Leben retten und aufwerten kann. Denken Sie daran, wie gut es Ihnen gehen wird, wenn Sie plötzlich merken, dass Alkohol total überflüssig ist. Wenn es nötig ist, sollten Sie nicht davor zurückschrecken, sich professionelle Hilfe zu holen. Stationär oder ambulant hat das Fachpersonal die Möglichkeit, Ihr Verhalten zu überwachen und Sie mit Therapiemaßnahmen wieder in die richtige Richtung zu lenken.

Sie können auch ohne *Alkohol* entspannen oder lockerer werden.

Es wird Ihnen auch ohne *Alkohol* psychisch besser gehen, wenn Sie sich darauf einlassen, Ihre Probleme oder Baustellen im Leben zu erkennen und sie mit oder ohne Hilfe zu bewerkstelligen.

Ohne Alkohol sind Sie leistungsstärker, motivierter, glücklicher, sportlicher, schlanker und können sich wieder voll und ganz auf Ihre Wahrnehmung verlassen. Also schrecken Sie nicht davor zurück, Ihr Leben jetzt in die Hand zu nehmen und sich selbst zu einem erfüllten Leben zu helfen.

Herstellung und Verlag:
BoD – Books on Demand, Norderstedt
ISBN: 9783754349496

1. Auflage
Kontakt: Psiana eCom UG/ Berumer Str. 44/ 26844 Jemgum
Covergestaltung: Fenna Larsson
Coverfoto: depositphotos.com